C. BOUGLÉ

PROFESSEUR A L'UNIVERSITÉ DE MONTPELLIER

# LA TRADITION FRANÇAISE

CONFÉRENCE



PARIS
P. OLLENDORFF

Prix : 50 centimes.

LA

# TRADITION FRANÇAISE

## A LA MÊME LIBRAIRIE

---

F. Buisson, directeur honoraire de l'Enseignement primaire, professeur à la Sorbonne. — **Le Colonel Picquart en Prison**, discours prononcé le 10 mai 1899, 1 brochure. 50 cent.

Maurice Pottecher. — **L'Exil d'Aristide**, 1 brochure. . . . . . . . . . . . . . . 50 cent.

Francis de Pressensé. — **L'Idée de Patrie** (Conférence), 1 brochure . . . . . . . . 50 cent.

André de Séipse. — **Lettres d'un Solitaire sur les maux du temps :**

I. — *Barrès*, 1 brochure . . . . . . . 50 cent.

II. — *Jules Lemaître*, 1 brochure . . . . 50 cent.

C. BOUGLÉ

PROFESSEUR A L'UNIVERSITÉ DE MONTPELLIER

# LA TRADITION FRANÇAISE

CONFÉRENCE

Prononcée le 17 Février 1899

A LA MAIRIE DE MONTPELLIER

PARIS

SOCIÉTÉ D'ÉDITIONS LITTÉRAIRES ET ARTISTIQUES

LIBRAIRIE PAUL OLLENDORFF

50, CHAUSSÉE D'ANTIN, 50

1899

# LA
# TRADITION FRANÇAISE

---

M. C. Bouglé, professeur à l'Université de Montpellier, a prononcé à la mairie de cette ville, sous le patronage de la Section Montpelliéraine de la Ligue française pour la Défense des Droits de l'Homme et du Citoyen, la conférence suivante :

MESDAMES, MESSIEURS,

Ceux de nos amis montpelliérains qui osent encore causer avec nous — nous les organisateurs de ce Comité et de cette réunion, nous les pacifiques transformés en batailleurs, nous les affreux revisionnistes, nous les infâmes « dreyfusards » — nous disent quelquefois aimablement : « Vous êtes bien bons : être à ce point remués et bouleversés, vouloir à votre suite remuer et bouleverser la France pour un seul homme ! Et quel homme ! Un pauvre être abruti sans nul doute et déprimé par quatre années de chaleur lourde, de silence étouffant, de solitude et de désespoir! « Une misé-« rable loque humaine », disait-on à notre Président : c'est pour cette loque que vous oubliez le drapeau! »

A quoi nous répondons : « Si nous sommes à ce point remués et bouleversés, si nous voulons vous remuer et vous bouleverser à votre tour, c'est que pour nous, dans l'affaire Dreyfus, il ne s'agit pas seulement de la vie d'un homme, mais encore et surtout des droits de l'homme; il ne s'agit pas seulement du renom d'une famille, mais encore et surtout du renom même de la patrie. Vous nous reprochez de l'oublier! C'est précisément parce que nous avons constamment présentes à l'esprit et au cœur ses traditions, sa fonction, sa mission que nous faisons et que nous ferons — soyez-en sûrs, — des efforts désespérés pour obtenir enfin la revision du procès de ce misérable juif : nous allons jusqu'à dire que nos adversaires nous semblent, dans leur lutte pour empêcher cette revision, vouloir, avec Dreyfus lui-même, entre les palissades de l'ile du Diable, enfermer, emprisonner, garrotter à son tour la tradition française!

Et comment, me direz-vous, entre le sort de cet homme et le sort même de la France établir une liaison, une transition? — La transition, la liaison, ce sont les principes dont se réclame notre Ligue qui vont nous l'offrir, les principes de 89. Ils seront comme l'arc lumineux qui rejoindra ces deux points au premier abord si distants : le prisonnier de l'île du Diable et notre tradition nationale.

Que ces principes soient notre honneur, que ces principes soient en péril, et qu'en conséquence vous deviez, républicains, vous défendre en les défendant, voilà ce que je vais essayer de vous démontrer.

Relisons, si vous le voulez bien, quelques-uns des articles de notre *Déclaration* : « Les hommes naissent et demeurent libres et égaux en droits... Le but de toute association politique est la conservation des droits naturels et imprescriptibles de l'homme. Ces droits sont la liberté, la propriété, la sûreté et la résistance à l'oppression. La loi est l'expression de la volonté générale. Elle doit être la même pour tous, soit qu'elle protège, soit qu'elle punisse. Nul homme ne peut être accusé, arrêté, ni détenu que dans les cas déterminés par la loi et selon les formes qu'elle a prescrites. La loi ne doit établir que des peines strictement et évidemment nécessaires. Nul ne peut être puni qu'en vertu d'une loi établie et promulguée antérieurement au délit, et légalement appliquée. La garantie des droits de l'homme et du citoyen nécessite une force publique : cette force est donc instituée pour l'avantage de tous et non pour l'utilité particulière de ceux auxquels elle est confiée. La société a le droit de demander compte à tout agent public de son administration. Toute société dans laquelle la garantie des droits n'est pas assurée, ni la séparation des pouvoirs déterminés, n'a point de constitution. »

Quel esprit se dégage de ces formules?

L'humanité, d'abord, le souci, le culte de la personne humaine, considérée comme une fin en soi. L'individu humain est posé comme la valeur absolue, en fonction de laquelle toutes les valeurs sociales s'expriment, et par rapport à laquelle elles s'ordonnent. L'homme doit être une chose sacrée pour l'homme, et tous ceux qui ont figure humaine participent également à cette dignité. Tous sont libres, tous sont égaux. Nul individu ne doit être traité comme un moyen au service d'un État. Les États sont des moyens au service des individus. Théorie nouvelle sous le soleil, vous le savez! Si vous vous reportez aux théories antiques, aux théories de l'ancien régime, vous n'y apercevez pas — on l'a cent fois remarqué — ce souci de l'humanité, ce respect de l'individu. La raison d'État primait tout. Il a fallu la Révolution pour retourner la pyramide, et renverser les pôles du monde social.

Elle libère également tous les individus. Mais encore faut-il, pour que ces individus également libres forment une société, s'organisent et nouent des relations valables, encore faut-il, au-dessus de toutes ces libertés, un pricipe d'ordre, une souveraineté. Notre Déclaration le reconnaît, le proclame. Seulement, la souveraineté qu'elle institue au-dessus des hommes n'est plus la souveraineté d'un homme, d'une personne, d'une volonté peut-être capricieuse et changeante, c'est la souveraineté d'une idée, la loi, la même pour tous. La souveraineté de la loi s'opposera à la souveraineté des rois comme l'égalité à l'inégalité, comme la permanence au changement, comme la règle à l'arbitraire. Et ce pouvoir impersonnel devra être d'autant plus respecté que tous les pouvoirs personnels auront disparu devant lui. Le strict respect de la loi, le souci religieux de la légalité, voilà ce que la Révolution demande aux individus qu'elle émancipe.

Mais, pour qu'ils constituent une société durable, il ne suffit pas qu'une loi soit promulguée ; il faut encore qu'elle soit appliquée : d'où la nécessité d'une force publique, d'une administration, d'une hiérarchie de fonctionnaires. Cela aussi, notre Déclaration le reconnait. Seulement, elle spécifie que les fonctionnaires sont les serviteurs du peuple et doivent rester, comme tels, soumis à sa surveillance, à sa critique, à son libre contrôle. La démocratie ne veut plus d'une administration de nuit qui cache soigneusement ses faits et gestes dans les recoins des cours et des temples, des antichambres et des sacristies. Que la machine administrative fonctionne au grand jour, en plein soleil, afin que chacun soit admis à en examiner le jeu, à empêcher toute dilapidation, tout détournement de la force publique! En un mot, que la publicité des actes de l'administration nationale s'ajoute à la légalité pour que le cercle s'achève et que le peuple soit sûr de la garantie de ses droits.

En ces trois mots : humanité, légalité, publicité, la théorie démocratique est complète, la fin et les moyens sont énoncés : c'est pour le peuple que la loi doit être faite ; il est donc juste que par le peuple la constitution de la loi soit dictée, que l'application de la loi soit surveillée par le peuple.

Tel est, dans ses traits généraux, l'esprit de la Déclaration des droits. Eh bien! représenter, défendre, sauver cet esprit, je dis que voilà notre mission, je dis que voilà la tradition française! Outre les raisons générales qui attachent chaque citoyen à son pays natal — impressions de la première enfance, reconnaissance pour les bienfaits reçus, espoir dans les réformes promises — chaque nation offre à ses enfants des raisons particulières de la préférer. Chacune se flatte de représenter une face de l'humanité, un aspect de l'idéal, et c'est au nom de l'idéal qu'elle représente que chacune loue et glorifie ses traditions propres. L'une se vantera d'être la terre de l'initiative et du *self government;* l'autre, l'asile de la pensée profonde, de la spéculation philosophique; l'autre, le pays prédestiné de la beauté. Pour nous Français, nous nous vantons d'habiter la terre de l'humanité, l'asile de la justice, le pays de la pensée libre. Là est notre tradition nationale.

On m'arrêtera peut-être d'une objection : « Vous réduisez la tradition française aux principes de 89? Vous en prenez bien à votre aise avec notre histoire nationale! Vous rayez d'un seul coup dix siècles de nos papiers! »

Messieurs, je pourrais répondre d'abord que s'il est des nations, comme l'Angleterre, auxquelles leur idéal se présente sous l'aspect d'un vieillard vénérable, chargé de la poussière des siècles, il en est en effet dont l'idéal est plus jeune et comme plus frais émoulu. C'est plutôt sous la forme d'un adolescent récemment émancipé qu'elles le voient apparaître. Quoi d'étonnant, s'il est vrai que, pour le dégager et le libérer, il leur a fallu de violents efforts! Quand un peuple a dû donner un si rude coup d'épaule pour soulever les pierres amoncelées dont on voulait l'opprimer, n'est-il pas naturel qu'il les laisse dédaigneusement retomber et rouler de chute en chute, jusqu'au fond de l'oubli? Le papillon, une fois qu'il a brisé la coque de la chrysalide, lorsqu'il vole enfin librement sous le ciel, se souvient-il qu'il ne fut qu'une larve rampante? Ainsi nous pourrions, fils de la Révolution, oublier l'ancien régime.

Mais, Messieurs, cette rupture nous est-elle vraiment nécessaire? Il nous serait facile de renouer la chaîne des temps, et de montrer comment l'esprit de 89, père de la France nouvelle, est bien le descendant de l'ancienne France. Le développement des sciences nous prouve que, dans tous les mondes, les révolutions ne sont le plus souvent que les conséquences et comme les consécrations d'évolutions préalables. Ainsi nos historiens se sont fait forts de prouver que l'ancien régime préparait à sa façon la Déclaration des droits.

N'a-t-on pas dit de nos rois qu'ils ont été « les plus actifs et les plus constants des niveleurs? » Et, de fait, ne les a-t-on pas vus, tout le long de l'histoire, abaisser ceux qui étaient trop élevés, élever ceux qui étaient trop abaissés? N'ont-ils pas conspiré avec le peuple, lui, sapant les racines, eux, frappant à la cime, pour abattre le chêne féodal? Leur gloire est d'avoir fait l'unité de la France, et non pas seulement l'unité matérielle, mais l'unité morale : en rassemblant en un seul corps tant de membres épars, en substituant leur loi à tant de lois diverses, ils disposaient le pays à concevoir l'idée d'une loi unique, la même pour tous, supérieure à tous les privilèges.

Et l'Église? Sans doute on l'a vue trop souvent mettre son organisation puissante au service du plus fort. Il n'en est pas moins vrai que le christianisme fut originellement, et reste essentiellement « une grande école d'égalité ». — « Allez et instruisez tous les peuples, » a dit le Christ; et à sa voix que de murailles étroites sont tombées! Les cadres sociaux ont été élargis; l'humanité s'est aperçue qu'elle était une. En même temps, quelle valeur, quelle autorité, l'individualité n'a-t-elle pas reçue des enseignements du Christ? En mettant au-dessus des obligations extérieures le souci du perfectionnement individuel, le culte du for intérieur, l christianisme concourait à l'émancipation de la personne humaine. En ce sens, il est permis de dire que, parce que la première elle déclarait les Droits de l'homme, la France se montrait encore la fille aînée de l'Église; l'esprit chrétien est bien un des lointains ancêtres de l'esprit révolutionnaire.

Ce que nous disons de l'esprit chrétien, nous le dirions aisément de l'esprit classique. Les habitudes intellectuelles que la littérature de l'ancien régime tendait à répandre, — l'habitude de concevoir les hommes en général, dans leurs âmes semblables plutôt que dans leurs corps divers, l'appel au bon sens, à la raison, « l'universalité », « l'humanité », — toutes ces qualités n'étaient-elles pas propres à éveiller ce rationalisme qui se manifeste dans la Déclaration des droits? Et peut-être en effet, afin que ce rationalisme pût fleurir un jour et s'épanouir au grand air, dans la conscience des peuples, peut-être fallait-il qu'il eût été d'abord soigné, cultivé, entretenu dans les salons et dans les cours, dans les serres chaudes de l'ancien régime. La France ancienne pouvait donc dire, en se sentant battue et vaincue par les représentants de la France nouvelle, qu'ils lui avaient cependant emprunté leurs forces, qu'ils avaient été nourris de son lait.

L'aloès épanouit en un jour la fleur qu'il a mis cent ans à mûrir. Ainsi la France a déclaré, fait éclater en un jour, au-dessus du monde étonné, les principes de 89 ; mais on peut dire qu'elle les avait portés en elle et comme mûris pendant des siècles. Dès l'ancien régime, nous voyons poindre et l'idée de la souveraineté de la loi, et le souci de l'humanité, et le culte de la pensée libre. Ne nous dites donc pas que la tradition révolutionnaire n'est pas la vraie tradition française parce qu'elle ne remonte pas assez haut dans notre histoire : pour qui sait apercevoir les grandes assises du sol national, l'arbre de la liberté jette ses racines jusqu'au plus profond de notre passé.

*
* *

Mais, Messieurs, si les principes de 89 constituent bien notre patrimoine propre, c'est encore, c'est surtout parce que l'univers le veut ainsi, parce que la voix commune nous a définitivement désignés comme les représentants et les gardiens de ces principes. Considérons, non plus leur lente élaboration dans le temps, mais leur brusque expansion, leur rayonnement dans l'espace; mirons-nous, si je puis dire, dans les yeux des peuples étrangers pour y lire ce qui est la France : et nous y verrons que s'ils l'aiment et l'implorent, ou la craignent et l'envient, c'est qu'ils la regardent comme la mère de la justice, de la liberté, des droits de l'homme.

Ces principes, Messieurs, il ne faut pas, certes, prétendre que nous les ayons inventés de toutes pièces, forgés de pied en cap, à nous seuls, pour les livrer au monde. Des idées aussi puissantes, pas plus qu'elles ne sont l'œuvre d'un jour, ne sont l'œuvre d'un seul peuple. Tous les peuples qui parcourent les étapes de la même civilisation éprouvent des besoins analogues, ressentent à peu près les mêmes aspirations. Avant nous, l'Angleterre avait eu sa Révolution. L'Allemagne a la Réforme, l'Italie la Renaissance : autant de secousses qui font prévoir le tremblement final, autant d'ébranlements du milieu desquels on voit surgir, pétrie et repétrie par mille mains, cette statue de la personne humaine qui se dressera sur les ruines des institutions théocratiques. Toutes les transformations matérielles comme les transformations intellectuelles, le développement des richesses comme le développement des lumières poussent à la même roue, collaborent au même idéal.

Il n'en reste pas moins que cet idéal trouva chez nous ses formules les plus humaines et les plus populaires, que c'est en notre langage qu'il s'exprima le plus clairement, et que dès lors, par le consentement universel, nous en fûmes les dépositaires et comme les éditeurs responsables.

Rappelez-vous en effet l'impression que produisent sur les opprimés et sur les oppresseurs, sur les peuples et sur les rois les moindres mouvements de la France révolutionnaire. A la nouvelle de la Révolution, c'est partout un frémissement et comme un hennissement des peuples. A Hambourg, on plante un arbre de la liberté ; dans toutes les villes du Rhin, on fête la prise de la Bastille ; à Bucarest — un Roumain nous le rappelait hier encore — on chante *la Marseillaise*, et les rois étonnés, stupéfaits de la puissance de ces « anthropophages », laissent tomber leurs armes de leurs mains défaillantes. En 1848, même spectacle. Les principes de 89 sont si bien confondus avec la tradition française que tout le long du siècle, au seul nom de la France, on voit les rois trembler et frissonner, comme les saules à l'approche de l'orage, tandis qu'au seul nom de la France on voit l'âme des peuples se détendre et s'épanouir, comme les fleurs à la venue du soleil.

Et sans doute, nos principes reçoivent plus d'un

démenti cruel, plus d'un soufflet de l'expérience. Trop souvent on a lancé — et nous avons lancé nous-mêmes — les uns contre les autres ces peuples qui devaient s'embrasser comme des frères. Malgré tout, ceux-là mêmes qui souffraient de ces guerres fratricides conservaient encore au fond du cœur une espérance obstinée, la foi dans notre étoile. Ainsi les phares avancés de nos côtes bretonnes, malgré la bataille des vagues qui s'entre-choquent à leurs pieds, continuent de rayonner, et de diriger les barques égarées. Ainsi jusqu'à ce jour, malgré tant de traverses, nos principes traditionnels restaient debout.

En voulez-vous avoir la preuve et comme l'impression sensible? Voyagez à l'étranger. Observez la façon dont vous serez accueilli et interrogé. J'en ai fait l'expérience personnelle. Combien de fois, en Allemagne au milieu des procès de lèse-majesté, des poursuites arbitraires contre tel journaliste ou tel professeur, combien de fois m'a-t-on demandé si cela se passait ainsi en France! Et je répondais avec fierté : « Non, ces procédés-là, nous ne les connaissons pas en France. » C'était notre honneur que de constituer une nation où il n'y avait plus de place pour l'arbitraire. — Si vous ne pouvez à ce sujet interroger les étrangers chez eux, interrogez alors ceux qui viennent chez nous, interrogez ceux que nous devons être heureux et fiers d'accueillir dans notre Université, ces Roumains, ces Arméniens, ces Russes, tous ces émigrés des pays sombres où, sur un signe de l'autorité, un homme disparaît, comme un caillou dans la mer, sans qu'on puisse jamais retrouver sa trace, — demandez-leur quel instinct les pousse vers la France, ils vous répondront : « Le même instinct qui pousse les oiseaux vers la lumière. » S'ils volent vers la France, c'est parce qu'elle leur apparaît comme le pays où le souci de l'humanité, le respect de la loi, le culte de la pensée libre fleurissent en pleine terre, dans l'âme même de la nation.

Eh bien! Messieurs, ces principes qui sont la gloire et la raison d'être de la France, je dis qu'ils sont en péril. Je dis que cette lumière, vers laquelle les peuples accouraient, tremble et vacille, comme la lueur d'une lampe qui va s'éteindre. Je dis que nos idées démocratiques et libérales sont sur une pente dangereuse, et que c'est « l'affaire » qui nous le montre, comme un éclair, dans la montagne, révèle au voyageur l'abîme qu'il côtoie sans s'en douter.

Et en effet, dans cette « affaire », est-il exagéré de dire que nous avons saisi, chez certains gouvernants, des suspicions singulières à l'égard des gouvernés, chez certains fonctionnaires, un mépris singulier du peuple dont ils sont les serviteurs, une antipathie pour le libre examen, une haine de la publicité qui sont précisément contraires à l'esprit de notre Déclaration?

On m'arrêtera tout de suite d'un mot : « L'affaire » était exceptionnelle. Les documents intéressaient la défense nationale, la sûreté de l'État. Vouliez-vous donc les voir étalés, déballés sur la place publique! »

Nous le reconnaissons naturellement, Messieurs; certains détails précis ne peuvent être raisonnablement communiqués à tout le monde : le nom d'un espion qu'on veut encore utiliser, la composition d'une poudre, la structure d'un canon. En raisonnant *a priori*, vous pourriez allonger aisément la liste des choses qui doivent rester cachées. Mais c'est sur des faits que nous raisonnons, c'est après expérience que nous vous disons qu'on a étrangement abusé de ce droit au huis-clos et à l'armoire secrète. Par exemple, il s'agit, au premier procès d'Esterhazy, de savoir si son écriture ressemble ou non, « d'une façon effrayante », à celle du bordereau. Huis-clos. Pourquoi? Pourquoi les opinions de ces experts ne peuvent-elles être publiées et contrôlées? Nous voyons bien en quoi cela intéresse la sûreté d'Esterhazy : mais la sûreté de la France? ne confondons pas, s'il vous plait! De même, rappelez-vous cette séance mémorable dans laquelle M. Cavaignac, après avoir fièrement rappelé que nous sommes les maitres chez nous et que nous pouvons laver notre linge sale à la face de l'univers, daigne enfin nous communiquer une pièce du dossier secret. Il n'en lit que des fragments, avec précaution : « Pour le reste je ne puis pas lire ». « L'encadrement », impossible de vous le livrer. Vous le savez, Messieurs, quand cette pièce fut approchée un peu plus près de la lumière, quand on examina d'un peu plus près le papier et le crayon, le contenu et le style, il apparut qu'on avait affiché à vos frais, contribuables, sur les murs de toutes les communes de France, un misérable faux ! Spectacle ridicule ! spectacle lamentable, que celui que donnait ce factionnaire émérite, montant une garde sévère autour d'un baril vide ! Trop souvent on nous a donné ce spectacle. Trop souvent, nous avons ressemblé à ces badauds qui font cercle autour d'une prétendue bombe : « N'approchez pas ! Prenez garde ! c'est l'explosion ! c'est la guerre ! » Un citoyen plus courageux que les autres saisit la boîte, enlève le couvercle, et on s'aperçoit que la poudre était fausse, que ce n'était que cendre et poussière ! La bombe était inoffensive. Je me trompe, elle était dangereuse peut-être, mais pour les seuls mystificateurs qui l'avaient déposée. Se solidariser avec ces mystificateurs, et, parce qu'ils portaient l'uniforme, s'écrier maladroitement que l'honneur de l'armée est en jeu, faire front contre les « civils » trop curieux qui demandent des comptes, je dis que c'est faire fi de ce libre examen, de ce contrôle incessant dont notre Déclaration nous reconnaît le droit. Et quand Monsieur Brunetière ou Monsieur Lemaître viennent nous demander en vertu de quel titre, au nom de quelle qualité nous nous mêlons ainsi de ce qui ne nous regarde pas, nous répondons : « Au nom de la qualité, en vertu du titre de citoyen français, membre du Souverain. » En vérité, il est indigne de ce titre glorieux celui qui ne sait pas, quand la situation l'exige, se mêler précisément de ce qu'on veut lui cacher, de « ce qui ne le regarde pas » !

Mais du moins, Messieurs, ceux d'entre vous qui croiront que nombre de documents ne doivent pas être communiqués au public oseront-ils professer que les documents en vertu desquels on accuse un homme peuvent n'être pas communiqués à l'accusé? Faut-il vous rappeler que ce serait la négation de toute espèce de droit? Ne me dites pas qu'il s'agit ici d'une question accessoire de procédure, d'une violation de « foormes », comme dirait Brid'oison. Ce qui est en question, ce sont les garanties élémentaires reconnues à tout prévenu. Sans ces garanties tout homme accusé, tout homme soupçonné est dès à présent un homme condamné. Sans ces garanties, vous reconnaissez à la justice, aussitôt qu'elle aura saisi un homme, le droit de le poignarder dans le dos! Sont-ce ces mœurs orientales, ces mœurs « byzantines », disait M. Mercier, que nous voulons voir s'acclimater en France?

Une illégalité en entraîne une autre. La légalité est un cercle étroit; sitôt qu'on en sort, n'eût-on mis dehors que le petit doigt, on ne sait plus dans quels tourbillons on est entraîné, on ne sait plus quels édifices, déjà séculaires, on va ruiner d'un seul choc. C'est ce que nous ne pouvons nous empêcher de penser avec tristesse, lorsque nous remarquons que ce même gouvernement qui présida, en 1894, à la condamnation illégale de Dreyfus, ce même gouvernement Dupuy s'efforce aujourd'hui de donner, avec la complicité des Chambres, une entorse à la légalité. Et, Messieurs, s'il ne s'agissait que de Dreyfus, nous ne serions pas autrement inquiets: ceux d'entre nous qui croient à son innocence croient aussi que devant les Chambres de la Cour de cassation réunies, aussi bien que devant telle chambre séparée, elle éclatera fatalement. Non, ce qui nous inquiète et nous attriste, c'est de voir le gouvernement lui-même, en proposant de dessaisir, au cours d'une action commencée, une juridiction régulièrement saisie, ébranler le respect de la légalité qui est la sauvegarde de la France républicaine. « Ce que nous en faisons, nous souffle-t-on, c'est par crainte d'un coup d'État. » Politique de Gribouille, qui consiste à se jeter à l'eau, de peur de se mouiller! En vérité, nous pouvons dire d'un gouvernement qui donne de pareils coups de pouce aux lois ce que l'on dit de ces jeunes garçons qui commettent un premier larcin: on sait bien comment ils commencent, on ne sait jamais comment ils finissent!

Le plus triste, c'est qu'on ose franchement, cyniquement, invoquer, pour justifier de telles mesures, les principes les plus contraires à ceux qui furent notre honneur. Les droits naturels et imprescriptibles de l'humanité, le respect de l'individu, vieille chanson, vieille rengaine! Parlez-nous raison d'État, voilà le seul langage que nous voulions entendre. Et vous ne voyez pas qu'en autorisant ce langage, vous laissez tels ou tels gouvernants, tels ou tels fonctionnaires seuls juges de ce qui est l'intérêt de l'État, et qu'il n'y a que trop de chances pour que, par un penchant naturel aux hommes qui détiennent le pouvoir, ils identifient l'intérêt de l'État avec leurs intérêts particuliers ! Du temps des rois, l'intérêt de l'État fut confondu avec l'intérêt des dynasties. Il sera confondu, du temps des députés, avec l'intérêt électoral. Il s'est trouvé un ministre de la Justice pour avoir le triste courage de cette opinion : « Songez à vos circonscriptions respectives. » Voilà le mot de la situation. Il est dit désormais qu'on nous mesure la justice, en France, à l'aune des intérêts électoraux. Voilà ce qu'on a fait du pays des Droits de l'homme.

Les conséquences, Messieurs, vous les apercevez de vous-mêmes. Je vous ai montré qu'en respectant les principes de 89, la France était respectée ; il me serait trop facile — mais trop douloureux aussi — de vous prouver qu'en les méprisant, elle sera méprisée. Quand je pense que M. Méline a osé nous crier : « Songez au bon renom de la France ! » Hélas ! nous lui renvoyons l'apostrophe : « Vous qui n'avez pas voulu instituer, au moment où on vous mettait tous les moyens en main, la revision de ce procès, songez au bon renom de la France ! Interrogez l'opinion de ces étrangers devant laquelle vous nous renvoyez ; tous, ceux qui nous aiment et ceux qui nous envient, les uns avec une stupéfaction douloureuse, les autres avec une joie non dissimulée, tous vous feront entendre la même réponse : « Si la France refuse de reviser une affaire dans laquelle les principes qui font sa gloire ont été trois fois violés, la France refuse de faire honneur à sa signature. Elle est déchue de sa mission. *Finis Galliæ!* C'est la banqueroute de la France! »

On nous crie: « Ces peuples si exigeants à notre égard, croyez-vous qu'ils l'auraient revisé, ce procès? Croyez-vous que leurs gouvernements auraient toléré le quart de l'agitation que l'on mène pour la revision? » — Non, Messieurs, je ne le crois pas. Je crois fermement que la plupart des gouvernements étrangers auraient fait les efforts les plus violents pour étrangler l'affaire. Mais je dis que ce qu'ils savaient impossible chez eux, les peuples le croyaient possible chez nous; je dis que tous ceux qui souffrent des injustices gouvernementales avaient mis leurs enjeux sur notre carte; que ce qui les consolait et les réconfortait, dans leur souffrance, c'est le sentiment qu'il y avait au moins un coin de la terre où, dès à présent, l'idée des Droits de l'homme était assez enracinée pour que rien désormais ne pût l'abattre.

Hélas! Messieurs, songez à l'honneur dont cette confiance couronnait notre République; contemplez les efforts parricides avec lesquels de soi-disant « patriotes » essayent de déraciner la gloire de leur patrie, et dites si je n'avais pas raison de vous faire entendre tout à l'heure que le même bateau qui ramènerait ce misérable Juif porterait aussi, peut-être, la tradition française et sa fortune...

Politique de philosophe, dira-t-on peut-être. Des idées vagues, des faits très généraux, — ce n'est pas avec cela qu'on secoue un parti politique. La politique pratique actuelle, cela seulement frappe la plupart des républicains. Notre régime est-il en péril? L'« affaire » supprimera-t-elle nos libertés? Non. Vaquons alors à nos affaires personnelles. Dormons tranquilles.

Messieurs, les républicains qui raisonnent ainsi ressemblent en effet à ces dormeurs obstinés qui se réveillent trop tard. On vient les secouer: « Debout! Alerte! On se bat dans la rue! » Ils vous répondent: « Ce n'est rien, c'est un juif qu'on assassine », et se retournent en maugréant. Insensés, qui ne voient pas que les assassins de ce juif ne se contenteront pas d'une seule victime, que leurs ambitions sont plus hautes, qu'à travers le corps de Dreyfus, c'est la République qu'ils visent, et que, bons républicains, quand vous daignerez enfin vous réveiller, il sera trop tard, la France que vous aimez aura déjà, peut-être, le couteau sur la gorge!

Messieurs, je ne voudrais pas être taxé d'exagération mélodramatique: je vous renvoie aux textes. Consultez les déclarations, les conférences, les affiches; analysez l'écume que nous apporte la vague de chaque jour, et vous serez étonné de l'état d'esprit des partisans de l'ancien régime. Je disais tout à l'heure que l'ancien régime avait sans doute collaboré à la constitution des principes de 89; mais croyez-vous que ses représentants d'aujourd'hui acceptent cette collaboration? Croyez-vous qu'ils se soient inclinés devant la Révolution comme devant le fait accompli, ou plutôt comme devant le droit établi? Leur idée fixe est toujours de purifier, d'expurger, *ad usum Delphini*, notre histoire nationale.

Voulez-vous saisir sur le vif l'état d'âme de notre « noblesse »? Parcourez alors ces listes de la *Libre Parole* qu'on a si justement nommées l'Armorial de la bassesse française. Lisez et relisez, si vous en avez le triste courage, à côté de la glorification d'un faussaire, toutes les abominations que l'on souhaite à ceux qui cherchent la vérité. Prêtez l'oreille à ces litanies de la haine : et vous croirez pénétrer dans les enfers de Michel-Ange ou de Rubens, où l'on ne voit que figures grinçantes, jetant feu et flamme par la bouche et les narines. Messieurs, ces accès de fureur, ces frénésies de blancs qui voient rouge, notre pays en a déjà connu. En 1816 aussi, il y avait des duchesses et des comtesses qui demandaient (ce sont les expressions du rapport de Decazes) « que cinq cent mille hommes meurent pour le drapeau blanc ». C'est la même rumeur qui monte aujourd'hui : « Du sang! Du sang! Une saignée pour l'amour de Dieu! »

« Une saignée pour l'amour de Dieu! » La formule vaut la peine qu'on y réfléchisse. On pouvait croire en effet que l'amour du Dieu d'amour et de charité retiendrait sur la pente ces âmes dévoyées. Et je ne doute pas, pour ma part, que, dans le secret de leur cœur, beaucoup de bons catholiques ne se lamentent et ne prient Dieu avec ferveur de ramener ces égarés à des sentiments plus chrétiens. Mais, il faut bien le dire, si nous écoutons, dans leurs manifestations publiques, les porte-paroles du catholicisme, ce ne sont pas précisément des mots de paix et d'amour qui tombent de leurs lèvres. Rappelez-vous ces formules du père Didon, qu'il est bon de savoir par cœur : « Il faut s'armer de la force coercitive, brandir le glaive, terroriser, sévir, frapper » ; d'un bout à l'autre de cette homélie, prononcée devant un généralissime, représentant du gouvernement français, c'est une sombre et sauvage apologie de la force, où nous pouvons bien reconnaître toutes les traditions étrangères que vous voudrez, tradition espagnole, tradition allemande, tradition de l'Inquisition, tradition de Bismarck — mais la tradition française? jamais de la vie!

Messieurs, si je vous rappelle ces horreurs, ce n'est pas pour le plaisir de vous faire peur, ce n'est pas pour vous inviter à frissonner, à trembler, et à rester prudemment au coin du feu! Si vraiment ces gens-là en veulent à notre peau, nous saurons la défendre; le jour où leurs bandes descendront dans la rue, elles trouveront à qui parler.

Si je vous ai rappelé ces frénésies, c'est qu'elles sont singulièrement révélatrices. De même qu'un homme, dans un accès de colère, dévoile parfois ses passions intimes, de même que, dans ses convulsions, il laisse voir ses plaies secrètes, ainsi, dans leur fureur contre nous, nos adversaires découvrent à plein la haine qu'ils portent à la France républicaine et à ses traditions glorieuses.

Et en effet, dans cette tempête qu'ils soulèvent, que surnage-t-il du respect de l'humanité? Allez donc parler à ces forcenés des droits sacrés de la personne humaine, leur rappeler que tous les hommes, quelle que soit leur race ou leur religion, méritent les mêmes égards! Messieurs, l'un de nous a recueilli à propos de l' « affaire », de la bouche d'un des plus brillants représentants du jeune catholicisme, une parole que je livre à vos méditations : « Après le tour des juifs, ce sera le tour des protestants; après le tour des protestants, celui des francs-maçons et des libres-penseurs ». Républicains de toutes nuances, tenez-vous-le pour dit, et comprenez enfin qu'il s'agit de savoir si, à l'idée de l'égalité des hommes, honneur de la France, vous laisserez substituer les distinctions ressuscitées de castes, de races, de confessions religieuses.

Si, pour nos adversaires, les droits de l'homme pèsent si peu de chose, vous devinez ce qu'ils penseront des moyens destinés à garantir ces droits. La publicité, le libre examen, le contrôle du fonctionnaire par le citoyen — billevesées que tout cela! Et c'est ce qui les met hors d'eux, que notre intervention obstinée! Lisez entre les lignes de leur apologie du « faux patriotique », et vous y trouverez cette idée que, puisque des pékins voulaient se mêler de savoir si la condamnation d'un militaire était juste ou injuste, Henry a bien fait de défendre, par tous les moyens, « l'honneur du bureau ». Guerre aux « prétentions du civilisme » !

Le pékin c'est l'ennemi. L'essentiel est de s'en délivrer. Qu'après cela le document libérateur soit vrai ou faux, c'est ce qui importe peu : Henry n'était-il pas en état de légitime défense?

Avec de pareilles théories, vous pensez si l'on se souciera de la légalité. Encore une notion « bonne pour le peuple ». Mais pour nous, ses maîtres légitimes, nous ferons toutes les lois qui nous conviendront, à la douzaine! Ou plutôt, un bon petit coup d'État nous débarrassera de ces conventions vieillies. Interwievez ces académiciens éminents, qui sont l'honneur de la « Patrie française » et, les uns avec cynisme, les autres avec hypocrisie, vous dévoileront le sort qu'ils veulent faire à la France. « Le Syllabus sera notre drapeau », disait M. de Mun. Et M. de Vogüé ajoute que le coup d'État du 2 décembre ne fut « qu'une opération de police un peu rude ». Et ce vieux néophyte de François Coppée n'osera-t-il pas nous présenter le 18 Brumaire comme la seule date pure de la Révolution? (*Revue hebdomadaire*, 7 janvier 1899, p. 115 sqq.) En somme, nous dit-il d'un air patelin, « l'attentat ne fit de mal à personne, et aucun des membres du conseil des Cinq-Cents qui, à l'aspect des bonnets à poil (c'est une obsession) des grenadiers, sautèrent si lestement par les fenêtres, ne se donna même une entorse. Heureux attentat, que toute la nation salua d'un long cri de délivrance, car il mettait fin à une affreuse anarchie, moins affreuse pourtant que celle où nous nous épuisons! Attentat? Non pas, mais événement inévitable, nécessaire, je dirai même providentiel », etc. Et voilà l'homme qui protestait hier encore qu'il n'était pas « l'ennemi de la République »! Avec beaucoup d'amis de cette trempe, je dis qu'elle n'ira pas loin, et qu'elle a le droit de se défier lorsqu'une « Ligue » pareille fait effort pour embaucher discrètement les officiers de son armée. Rappelez-vous les affiches vertes qui furent récemment apposées sur vos murs par les soins du comité royaliste local ; consultez-en la teneur, la composition ; vous aurez la clef de la politique de nos adversaires. Cela commence par des éloges aux officiers, cela finit par une invocation à Philippe. Ainsi, comme un cheval généreux, on flatte l'armée, on lui passe la main dans la crinière, pour l'enfourcher tout d'un coup, lui mettre le frein d'acier, la rêne d'or, et fondre sur nous. En vérité, ils embrassent l'armée, mais c'est pour étouffer le peuple! Tout leur effort est de mener la force publique à l'assaut de nos principes traditionnels.

Et ce seraient, Messieurs, ces ligueurs panachés, unis par la seule haine de l'esprit de la Révolution, qui représenteraient la patrie française! Républicains, faut-il que nous soyons inertes et lâches pour avoir laissé usurper et profaner par ces gens et leur suite le beau titre de « patriotes », si cher aux fils de la Révolution!

Ils ne sauraient représenter la tradition française, ceux qui ne veulent plus entendre parler de l'humanité, de la justice, de la pensée libre, ceux qui n'invoquent plus d'autres arguments que le sabre, la cravache et la matraque. C'est à l'abattoir que ce cortége d'assommeurs voudrait nous amener, comme un peuple de bœufs! Reprenons alors à notre compte une de leurs formules, et unissons-nous pour crier : « Français, nous ne le permettrons pas! »

Les républicains ne le permettront pas, car ils se ressaisiront, serreront les rangs, comprenant enfin le véritable enjeu de l'affaire. Républicains modérés ou avancés, que vous considériez les principes de 89 comme le bouquet que l'on met au toit de l'édifice achevé, ou comme la première pierre de l'édifice à construire, vous vous unirez pour défendre ces principes, comme on s'est uni pour les combattre. Tant de secousses terribles tasseront enfin, et classeront les partis suivant leurs tendances naturelles. Au premier ébranlement, il y avait eu un peu de désarroi et d'équivoque. Beaucoup de républicains n'avaient pas aperçu ce qui était en question. Mais aujourd'hui, après tant de révélations successives, après tant de ballons d'essai, tant de sons de cloche et d'appels de trompette, tous les républicains voudront se grouper pour sauver les positions péniblement conquises. Et alors les partis se retrouveront enfin face à face, à leurs places normales : contre la justice, les réactionnaires de toutes couleurs; pour la justice, les républicains de toutes nuances.

Je dis qu'en défendant ainsi, avec la cause de cette « pauvre loque humaine », la cause même du droit, de la loi, du libre examen, les républicains auront bien mérité de l'humanité, en même temps que de la patrie, puisque chez nous, par une heureuse harmonie, la tradition nationale est en même temps l'idéal démocratique ; puisque chez nous, par un privilège que nous entendons conserver, le culte de la patrie s'appuie sur le respect de l'humanité.

Paris. — Typ. Chamerot et Renouard, 19, rue des Saints-Pères. — 37803

www.ingramcontent.com/pod-product-compliance
Ingram Content Group UK Ltd.
Pitfield, Milton Keynes, MK11 3LW, UK
UKHW020436220726
13923UKWH00005B/2186